BEI GRIN MACHT SICH IHR WISSEN BEZAHLT

AF131158

- Wir veröffentlichen Ihre Hausarbeit,
  Bachelor- und Masterarbeit

- Ihr eigenes eBook und Buch -
  weltweit in allen wichtigen Shops

- Verdienen Sie an jedem Verkauf

Jetzt bei www.GRIN.com hochladen und kostenlos publizieren

GRIN ☺

Bibliografische Information der Deutschen Nationalbibliothek:

Die Deutsche Bibliothek verzeichnet diese Publikation in der Deutschen National-
bibliografie; detaillierte bibliografische Daten sind im Internet über http://dnb.d-
nb.de/ abrufbar.

Impressum:

Copyright © 2014 GRIN Verlag, Open Publishing GmbH
Druck und Bindung: Books on Demand GmbH, Norderstedt Germany
ISBN: 9783668414662

Dieses Buch bei GRIN:

http://www.grin.com/de/e-book/351217/geraetegestuetztes-krafttraining-fuer-eine-
verkaeuferin-mit-rueckenproblemen

Anonym

Gerätegestütztes Krafttraining für eine Verkäuferin mit Rückenproblemen

Datenerhebung und Testung, Trainingsplanung und Literaturrecherche

GRIN Verlag

GRIN - Your knowledge has value

Der GRIN Verlag publiziert seit 1998 wissenschaftliche Arbeiten von Studenten, Hochschullehrern und anderen Akademikern als eBook und gedrucktes Buch. Die Verlagswebsite www.grin.com ist die ideale Plattform zur Veröffentlichung von Hausarbeiten, Abschlussarbeiten, wissenschaftlichen Aufsätzen, Dissertationen und Fachbüchern.

Besuchen Sie uns im Internet:

http://www.grin.com/

http://www.facebook.com/grincom

http://www.twitter.com/grin_com

Deutsche Hochschule für

Prävention und Gesundheitsmanagement

Hermann Neuberger Sportschule 3

66123 Saarbrücken

Einsendeaufgabe

Fachmodul: Trainingslehre I

Studiengang: Gesundheitsmanagement

Version Studienbrief: rev.09.009.000

(Datum des Vorwortes, Versionsnummer in Fußzeile des Studienbriefes)

Name, Vorname:

Studienort: **Saarbrücken**

Semester: **Wintersemester 2013**

Inhaltsverzeichnis:

Aufgabe 1)

a) Allgemeine biometrische Daten

Alter	45 Jahre
Geschlecht	Frau
Körpergröße	170 cm
Körpergewicht	80 kg
Bauchumfang	112 cm
Trainingsmotive	Gewichtsreduktion, Beseitigung der Rückenschmerzen, Bodyforming
Berufliche Tätigkeit	Verkäuferin
Aktuelle und frühere sportliche Aktivitäten	1 x pro Woche Walking mit ihrer Freundin (ca. 60–90 Minuten)
Zeitlicher Verfügungsrahmen	2–3 x pro Woche ca. 90 Minuten
Gesundheitszustand	Rückenprobleme im LWS- und BWS-Bereich seit ca. 4 Jahren, keine Tabletten und auch keine Behandlungen
Blutdruck	140/95 mmHg
Weitere gesundheitliche Einschränkungen	Keine vorhanden

Tabelle 1: Allgemeine und biometrische Daten des Kunden (eigene Darstellung)

Bewertung der Daten:

Blutdruck:	Norm:	Bewertung
140/95	< 120/< 80 mmHg = Optimal < 130/<85 mmHg = normal 130-139/85-89 mmHg = hochnormal	Hypertonie Stufe 1 (siehe Tab.3)
Sonstiges: Rückenschmerzen	**Bewertung:** Beruf, schwache Muskulatur, falsche Haltung, Übergewicht Rückenschmerzen Skala: 7 (siehe Abb. 1)	
Übergewicht	BMI: 27,7 (siehe Tab. 4) Normwert: 18,5-25 = Normalgewicht	
Fazit:	Leichte Einschränkung; war noch nie in einem Fitnessstudio, hat also keinen Bezug zum Krafttraining	

Tabelle 2: Bewertung der Daten (eigene Darstellung)

Bewertung	systolisch (mmHg)	diastolisch (mmHg)
optimaler Blutdruck	< 120	< 80
normaler Blutdruck	120–129	80–84
hoch-normaler Blutdruck	130–139	85–89
milde Hypertonie (Stufe 1)	140–159	90–99
mittlere Hypertonie (Stufe 2)	160–179	100–109
schwere Hypertonie (Stufe 3)	> 180	> 110
isolierte systolische Hypertonie	> 140	< 90

Tabelle 3: Blutdruckklassifikation der American Heart Association[1]

---

[1] https://de.wikipedia.org/wiki/Arterielle_Hypertonie

4

Einstufung (lt. WHO, 2008)	BMI (kg/m^2)
Starkes Untergewicht	< 16
Mäßiges Untergewicht	16 – 17
Leichtes Untergewicht	17 – 18,5
Normalgewicht	18,5 – 25
Präadipositas	25 – 30
Adipositas Grad I	30 – 35
Adipositas Grad II	35 – 40
Adipositas Grad III	≥ 40

Tabelle 4: Normwerte BMI nach der WHO

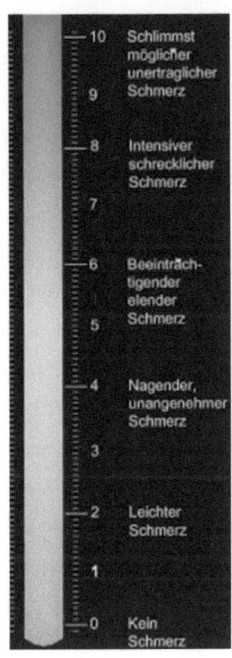

Abbildung 1: Visuelle Analog Skala: Rückenschmerzen[2]

---

[2] http://orthopaede.com/media/uploads/2015/03/schmerzskala.gif

b) Krafttestung

Bei der Kundin wird ein X-RM-Test, also ein Mehrwiederholungskrafttest durchgeführt, um das optimale Trainingsgewicht zu ermitteln. Ziel dieses Tests ist „die Ermittlung des maximal bewältigbaren Gewichtes für eine vorher definierte Wiederholungszahlt" (Reiß, Fikenzer, 2013, S. 120). Man wählt vorerst die Testübungen aus, zum Beispiel das Lat-Ziehen vertikal zum Nacken oder die Beinpresse. An jedem ausgesuchten Gerät wird später die Krafttestung durchgeführt. Anschließend legt man das Trainingsziel fest, ob man beispielsweise Kraftausdauer oder Muskelaufbau trainieren möchte. Wenn man diese Punkte abgehakt hat, geht man an das allgemeine und spezielle Aufwärmen. Wenn man auch das gemacht hat, schätzt der Trainer das Einstiegsgewicht ein und der Kunde macht den ersten Testdurchlauf. Man absolviert dies mit genau der Wiederholungszahl, mit der man auch im späteren Training trainieren wird, zum Beispiel nimmt man 20 Wiederholungen. Wenn der Kunde nach den 20 Wiederholungen noch nicht erschöpft ist und noch mehr schafft, stellt man im zweiten Durchlauf mehr Gewicht ein (je nach subjektivem Belastungsempfinden der Person), um sich dem richtigen Trainingsgewicht zu nähern. Hat er die 20 Wiederholungen nicht geschafft, geht man mit dem Gewicht dementsprechend nach unten. Nach dem zweiten Testsatz macht man dasselbe noch einmal. Zwischen den Sätzen sollte der Kunde eine Satzpause einlegen, die circa drei Minuten betragen soll, damit sich die Muskulatur erholen kann und der nächste Durchgang nicht durch Ermüdung beeinflusst wird. Außerdem ist darauf zu achten, dass die Bewegungen sauber und im richtigen Tempo ausgeführt werden, denn wenn das nach einigen Sätzen nicht mehr der Fall ist, ist das Gewicht meist zu schwer eingestellt.

Hat die Testperson nun das optimale Gewicht gefunden, schafft also gerade so die zwanzigste Wiederholung, baut man die Testergebnisse in die Trainingsplanung mit ein.

Testergebnisse des Mehrwiederholungskrafttests:

Testübung	1.Testansatz	2.Testansatz	3.Testansatz	Ergebnis
Beinpresse ho-rizontal sitzend	40	50	45	**45**
Lat-Zug vertikal zum Nacken	20	30	35	**35**
Gesäßmaschine	37	40	-	**40**
Brustpresse sitzend	10	20	15	**15**
Rudern an der Zug-maschine	36	20	25	**25**
Rumpfbeuger an der Bauchmaschine	40	45	50	**50**
Rückenstrecker	10	15	-	**15**
Rumpfrotation an der Bauchmaschine	25	30	-	**30**

Tabelle 5: Testergebnisse des 20-RM-Tests mit 20 Wiederholungen und Satz-pausen von jeweils drei Minuten (eigene Darstellung)

Erläuterung:

Die Möglichkeiten eines interindividuellen Leistungsvergleiches sind kaum gege-ben, da der X-RM Test aufgrund der vielen Einflussfaktoren und Störgrößen dazu führen, dass "keine Referenz- bzw. Normwerte zur Vergleichbarkeit des Maximal-kraftniveaus existieren" (Reiß, Fikenzer, 2013, S. 121).

Für einen intraindividuellen Leistungsvergleich ist diese Krafttestung jedoch ge-eignet, aber auch nur dann, wenn die Rahmenbedingungen, die Methodik und der Ablauf exakt standardisiert werden (Reiß, Fikenzer, 2013, S. 121).

Bei der Ableitung der Trainingsintensitäten geht man nach der "individuellen-Leis-tungsbild-Methode" (kurz: ILB-Methode). Der Trainer ordnet den Klienten einer

Leistungsstufe zu (zum Beispiel Beginner oder Geübter) und bestimmt so die Zeit-stufe (in Monaten), die Form des Trainings (Ganzkörpertraining oder Splittrai-ning), die Trainingseinheiten pro Woche, die Übungen pro Muskel und auch die Sätze pro Muskel. Und zusätzlich auch die Intensität (in %), mit der der Kunde ab sofort trainieren wird (Reiß, Fikenzer, 2013, S. 156).

Aufgabe 2)

Zielsetzung / Prognose

	Inhalt	**Ausmaß**	**Zeit**
Ziel 1	Gewichtsreduk-tion	10 kg	6 Monate
Ziel 2	Reduktion des Bauchumfangs	6 cm	6 Monate
Ziel 3	Linderung der Rückenschmerzen	Senkung von Stufe 7 auf Stufe 4	6 Monate

Tabelle 6: Zielsetzung auf Basis der Diagnosedaten

Begründung:

Aus den Werten von EA 1) kann man erkennen, dass die Kundin zum Einen ein Problem mit ihrem Gewicht hat (BMI: 27,7). Sie hat sich auch als Ziel gesetzt, dieses zu reduzieren. Wenn sie das Gewicht von 70kg erreicht, hat sie einen BMI von 24,2 und ist nach der Tabelle der WHO (Tab. 4) im normalen Bereich. Falls sie dieses Ziel schon vor den sechs Monaten erreicht, ist das Folgeziel, es zu halten, was oftmals das größte Problem ist. Da die Kundin bisher nur walken war, sich also mehr auf Ausdauersport konzentriert hat, konnte sie nicht richtig abnehmen, da es wichtig ist, Muskeln aufzubauen, um mehr Kalorien (auch im Ruhezustand) zu verbrennen, also ist Krafttraining eine gute Ergänzung zu ihrem bisherigen Sport.

Ein damit verbundenes, weiteres Problem stellt der Bauchumfang dar, der 112 cm beträgt. Die Ziele (Gewicht und Bauchumfang zu reduzieren) unterstützen sich also gegenseitig. Vielleicht hat sie momentan noch keine weiteren gesundheitlichen Einschränkungen (außer den Rückenschmerzen), die daraus resultieren und ist erst im Präadipositas-Bereich (nach Tab. 4), doch wenn sie nicht abnimmt, kann es sein, dass es zu schwerwiegenderen Folgen kommt, wie Diabetes Mellitus, Herz-Kreislauf-Erkrankungen oder zur Erhöhung des Blutdrucks, was bei der Kundin bereits der Fall ist (Hypertonie 1).

Unser drittes Ziel, das Lindern der Rückenschmerzen, hängt mit hoher Wahrscheinlichkeit mit ihrem Beruf (Verkäuferin), aber auch mit dem Gewicht zusammen, denn sie spürt es im Lendenwirbelbereich, was oftmals die Folge von Übergewicht sein kann. Auch das ist ein von ihr selbst genanntes Motiv, deshalb wurde es in die Zielsetzung integriert. Sie soll ihren Alltag und natürlich auch den Beruf besser meistern. Durch die Stärkung ihrer Muskulatur wird man versuchen, das zu erreichen.

Aufgabe 3)

Trainingsplanung Makrozyklus

	Mesozyklus I		Mesozyklus II		Mesozyklus III		Mesozyklus IV	
Zyklusdauer	6 Wochen		6 Wochen		6 Wochen		6 Wochen	
spezifisches Trainingsziel	Kraftausdauer		Muskelaufbau (extensiv)		Muskelaufbau (intensiv)		Maximalkraft (extensiv)	
Anzahl der Trainingseinheiten pro Woche	2		2-3		3		3	
Organisationsform	GK / Zirkel		GK / Station		GK / Zirkel		GK / Station	
Anzahl der Übungen pro Muskelgruppe	1-2		1-2		1-2		1-2	
Anzahl der Sätze pro Übung	2		2		2		2	
Satzpausen	30 Sekunden		30 Sekunden		30 Sekunden		30 Sekunden	
Wiederholungszahlen	20		12		8		6	
Intensitäten (nach ILB in %)	50-70 %		50-70 %		50-70 %		50-70 %	
Bewegungstempo	langsam, kontrolliert		langsam, kontrolliert		langsam, kontrolliert		langsam, kontrolliert	

Mehrwiederholungskrafttest 20-RM | *Mehrwiederholungskrafttest 12-RM* | *Mehrwiederholungskrafttest 8-RM* | *Mehrwiederholungskrafttest 6-RM* | *Mehrwiederholungskrafttest x-RM*

Tabelle 7: Makrozyklusdarstellung nach der ILB-Methode (eigene Darstellung)

10

Begründung der Makrozyklusdarstellung

Trainingsmethode: ILB-Methode

Ich habe mich für die individuelle-Leistungsbild-Methode entschieden, da sie "speziell für eine Nutzung im freizeit- und breitensportlich orientiertem Krafttraining konzipiert" wurde (Eifler, 2013, S. 22). Es gibt Leistungsstufen, in die man den Klienten einordnen kann, das heißt, egal ob Hochleistungssportler oder Anfänger, die ILB-Methode ist "für alle Trainings- bzw. Leistungsstufen anwendbar" (Strack, Eifler, 2005, S.160).

Das bedeutet wiederrum, dass die Belastungsparameter (Trainingshäufigkeit, Trainingsdauer, Trainingsdichte, Trainingsintensität und Trainingsumfang) innerhalb der Zyklen progressiv angepasst werden. Einen großen Einfluss auf die Steuerung der Parameter hat hierbei das Trainingsalter (Eifler, 2013, S. 73).

Da meine Klientin eine Anfängerin ist und nur einmal pro Woche walken geht, kann man sie mit der Stufe "Beginner" gleichsetzen. Das heißt, man macht einen X-RM-Test (den ich bereits mit der Kundin durchgeführt habe) und ausgehend von den Ergebniswerten werden die Trainingsintensitäten berechnet.

Außerdem sollen Überlastungserscheinungen sowie Verletzungen gerade bei Anfängern vermieden werden, was bei unserer Kundin sehr wichtig ist, da sie ohnehin schon gesundheitliche Probleme (Rückenschmerzen) hat und diese nicht noch verschlimmern möchte.

Die ILB-Methode ist also praktisch anzuwenden und ermöglicht eine auf den Typ angepasste Vorlage für einen effektiven Trainingsplan.

Organisationsformen

Da die zeitliche Verfügbarkeit der Kundin nicht für einen Splitplan reicht, wird sie in allen vier Mesozyklen ein Ganzkörpertraining absolvieren, sowohl im Zirkel- als auch Stationstraining, was wiederrum zur Abwechslung dient und speziell bei Anfängern empfohlen wird (Trunz et al., 2002, S. 25).

Belastungsparameter

Der Makrozyklus besteht aus vier Mesozyklen, die jeweils sechs Wochen dauern. Es gibt also alle sechs Wochen eine Umstellung des Trainingsplans, was für die Kundin eine Abwechslung darstellt.

11

Die ersten sechs Wochen wird die Probandin Kraftausdauer zum Ziel haben, anschließend Muskelaufbau (extensiv, dann intensiv) und zuletzt Maximalkraft (extensiv). Die Reihenfolge habe ich deshalb gewählt, weil ich die Kundin erst an die Belastungen gewöhnen soll und erst ein Fundament schaffen muss (Kraftausdauer), um darauf bauen zu können. Ich bin nach dem Prinzip der ansteigenden Belastung gegangen, welches besagt, „dass sich aufgrund der Gesetzmäßigkeiten zwischen Belastung, Anpassung und Leistungssteigerung die Anforderungen (Trainingsbelastungen) allmählich erhöhen müssen, um weiterhin wirksame Anpassungen hervorzurufen" (Dr. Theo Stemper, 1996, S.21).

Die Klientin hat angegeben, bis zu dreimal pro Woche trainieren zu können, deshalb habe ich im ersten Zyklus die Anzahl auf zwei Trainingseinheiten pro Woche gesetzt. Sie soll die Möglichkeit haben, das Training in ihren Alltag einzubauen und langsam anfangen. Außerdem neigen viele Anfänger dazu, anfangs zu viel zu trainieren, und nach einigen Wochen kommen sie nicht mehr, da die Motivation nicht mehr da ist und vielleicht eine Überlastung durch die vielen Trainingseinheiten besteht.

Im zweiten Mesozyklus sollte die Probandin zwei- bis dreimal pro Woche kommen. Ich habe keine feste Anzahl festgelegt, weil sie nun versuchen wird, häufiger zu kommen, jedoch kein schlechtes Gewissen haben muss, wenn sie es in der ein oder anderen Woche nicht schafft, drei mal zu trainieren. Die Kundin versucht also, einen dritten Tag in ihrer Woche festzulegen, an dem sie ihr Training absolviert.

In Mesozyklus III und IV soll sie dreimal pro Woche kommen, damit das intensive Muskelaufbautraining und das extensive Maximalkrafttraining auch effektiv ist. Man braucht hierbei mehr Trainingseinheiten, um erfolgreich zu sein.

Pro Muskel bekommt sie ein bis drei Übungen. Das hat zum einen den Grund, dass auf bestimmte Muskelgruppen mehr Wert gelegt wird (Rücken- und Bauchmuskulatur) und zum anderen sollte der Plan nicht zu lange dauern und so viele Muskelgruppen wie möglich beanspruchen.

Die ersten zwölf Wochen macht meine Kundin zwei Sätze pro Übung, da sie sich erst an die ungewohnte Belastung gewöhnen muss und sie deshalb nicht zu viele Sätze machen sollte. Nach den zwölf Wochen soll sie drei Sätze pro Woche machen, da sie sich nun schon Kraft angeeignet hat und ihre Muskulatur eine Steigerung braucht, nicht nur bei der Intensität, sondern auch bei der Anzahl der Sätze.

Außerdem beträgt die Wiederholungszahl nur noch acht, bzw. sechs, was bedeutet, dass man hier auch mehr Sätze machen kann.

Bei der Bestimmung der Wederholungszahlen habe ich mich an den Vorgaben orientiert, die für das Grobraster der ILB-Methode festgelegt wurden (Eifler, 2013, S. 74) und aus trainingspraktischen Erfahrungen resultieren:

Kraftausdauertraining: 15-30 Wiederholungen

Hypertrophietraining: 8-15 Wiederholungen

Maximalkrafttraining: 5-8 Wiederholungen

Zudem steht die Wiederholungszahl im Verhältnis zur Intensität: „Je höher die Intensität, desto geringer ist normalerweise die Anzahl der Wiederholungen" (Dr. Theo Stemper, 1996, S.60).

Die Satzpausen wurden im ersten und dritten Mesozyklus aufgrund des Zirkeltrainings auf 30 Sekunden gesetzt, da im Normalfall keine Pausen bestehen, der Gerätewechsel jedoch trotzdem Zeit in Anspruch nimmt. Im zweiten Mesozyklus wurden die Satzpausen auf drei und im vierten Mesozyklus auf zwei Minuten gesetzt. Die Pause zwischen den Sätzen hängt vom gewünschten Trainingsziel und dem Leistungszustand des Kunden ab (Eifler, 2013, S.47). Je besser die Person trainiert ist, desto kürzer können die Pausen sein.

Das „American College of Sports Medicine" (ACSM) sagt außerdem, dass für Beginner, sowie Geübte und Fortgeschrittene bei Basisübungen zwei bis drei Minuten lange Satzpausen empfohlen werden (Ratamess et al, 2009, S. 692).

Die Bewegungsgeschwindigkeit soll in jedem Mesozyklus langsam und kontrolliert sein (Trunz et al., 2002, S. 25).

Bei der Intensitätsbestimmung habe ich mich an dem von Strack und Eifler (2005, S. 153) erstellten Grobraster zur Trainingsplanung nach der ILB-Methode orientiert, die besagt, dass ein Beginner - wie unsere Kundin - eine Intensität von 50-70% haben sollte. Innerhalb eines Mesozyklus versucht die Kundin, das Gewicht, also die Intensität, zu erhöhen. Nach jedem Mesozyklus wird noch einmal eine Krafttestung (Mehrwiederholungstest X-RM) durchgeführt und diese Ergebnisse werden wieder als Referenzwerte für den neuen Mesozyklus genommen. Das heißt, die Kundin versucht in jedem Mesozyklus die Trainingsintensität von 50% auf 70% zu steigern, damit die neuen Werte der Testung zwischen den Zyklen eine Steigerung zeigen.

13

Leistungsstufe	Zeitstufe (Monate)	Orga.-form	Häufig-keit/ Wo-che	Übungen/ Muskel-gruppe	Sätze/ Übung	Intensität in % ILB
Orientierungsstufe	0-1,5	GK	2	1-2	1-2	gering
Beginner	1,5-6	GK	2	1-2	1-2	50-70
Geübte	6-12	GK	2-3	1-2	2	60-80
Fortgeschrittene	>12	GK/Split	3-4	1-3	2-3	70-90
Leistungstrainierende	>36	GK/Split	3-6	1-4	2-4	80-100

Tabelle 8: Grobraster zur Trainingsplanung nach der ILB-Methode (modifiziert nach Strack & Eifler, 2005, S. 153)

Periodisierung

Zur Periodisierung ist Folgendes zu sagen:

Da meine Kundin ein Anfänger, jedoch durch ihr wöchentliches Walken nicht ganz unsportlich ist, habe ich in den ersten sechs Wochen ein Kraftausdauertraining ein-geplant, um sie an die hohen Belastungen und allgemein an das Training in einem Studio zu gewöhnen, aber auch, um eine Basis für das darauffolgende Muskelauf-bautraining zu schaffen.

Es liegt eine klassische lineare Periodisierung vor, das heißt, die Intensitäten neh-men zu (durch die Krafttestungen zwischen den Mesozyklen und den die Steige-rung innerhalb der sechs Wochen von 50% auf 70%), während die Wiederholungs-zahlen abnehmen.

Der erste Trainingszyklus ist also mehr umfang- als intensitätsorientiert, da hier auf die Verbesserung der Kraftausdauerleistung geachtet wird, währen die darauf-folgenden drei Zyklen Muskelaufbau als Ziel haben, also intensitätsorientiert sind.

Aufgabe 4)

Erster Mesozyklus des Mikrozyklus aus Aufgabe 3)

	Mikrozyklus 1	Mikrozyklus 2	Mikrozyklus 3
Zyklusdauer	2 Wochen	2 Wochen	2 Wochen
spezielles Trainingsziel	Kraftausdauer	Kraftausdauer	Kraftausdauer
Trainingseinheiten pro Woche	2	2	2
Organisationsform	GK / Zirkel	GK / Zirkel	GK / Zirkel
Übungen pro Muskelgruppe	1-2	1-2	1-2
Sätze pro Übung	2	2	2
Satzpausen	30 Sekunden	30 Sekunden	30 Sekunden
Wiederholungszahl	20	20	20
Intensität (nach ILB in %)	50 %	60 %	70 %
Bewegungstempo	langsam, kontrolliert	langsam, kontrolliert	langsam, kontrolliert

Tabelle 9: Erster Mesozyklus EA 3

Übungsauswahl

Trainingsgeräte	1.+2. Woche 50%	3.+4. Woche 60%	5.+6. Woche 70%
Beinpresse horizontal sitzend	22,5 kg	27,0 kg	31,5 kg
Latzug vertikal zum Nacken	17,5 kg	21,0 kg	24,5 kg
Gesäßmaschine	20 kg	24 kg	28 kg
Brustpresse sitzend	7,5 kg	9 kg	10,5 kg
Rudern an der Zugmaschine	12,5 kg	15 kg	17,5 kg
Rumpfbeuger an der Bauchmaschine	25 kg	30 kg	35 kg
Rückenstrecker	7,5 kg	9 kg	10,5 kg
Rumpfrotation an der Bauchmaschine	15 kg	18 kg	21 kg

Tabelle 10: Krafttrainingsübungen des Mesozyklus I

Begründung

Die Kundin bekommt nicht zu viele Übungen, da sie noch keine Erfahrung im Bereich Krafttraining besitzt und ihre Muskulatur dadurch ausreichend beansprucht wird.

Bewusst habe ich für den Anfang nicht mehr als acht Geräte ausgewählt. Eine Überforderung durch einen zu komplexen oder zeitintensiven Trainingsplan und daraus resultierender Demotivation sollte vermieden werden (Kieser, W. 2003).

Ich habe ausschließlich geführte Maschinen gewählt, da diese laut Dr. Peter Wastl (zitiert nach Trunz, Schröder, 1998, S. 167) für einen Beginner die meisten Vorteile bietet:

Durch die einfache und schnelle Bedienung der Geräte kommt es zu weniger Fehlerbildern und durch die vorgegebenen, durch geführte Bewegungen vereinfachten, Bewegungsbahnen herrscht eine geringe Verletzungsgefahr. Außerdem werden keine Anforderungen an die Koordination gestellt, was bei Anfängern zu Beginn äußerst wichtig ist.

Die Reihenfolge der Übungen hat auch ihren Grund:

Ich habe darauf geachtet, dass die mehrgelenkigen vor den eingelenkigen Übungen kommen, ich bin also nach dem Aspekt der Komplexität gegangen.

Außerdem hat sie das Ziel, 10kg abzunehmen. Hier kommt der Aspekt des Muskelmasseanteils, was bedeutet, dass die Übungen, bei denen große Muskelgruppen beansprucht werden, wie zum Beispiel Rücken, Beine oder Brust, zuerst aufgelistet werden.

Was ebenfalls ein Ziel meiner Kundin darstellt, ist das Lindern der Rückenschmerzen, also kommen die Übungen für den Rücken ebenfalls ziemlich am Anfang des Plans.

Geräteaufzählung (entspricht der Reihenfolge, nach der trainiert werden soll)
Beinpresse horizontal sitzend:

Da die Kundin einmal pro Woche Walken geht, braucht sie Kraft in den Beinen. Diese Übung ist mehrgelenkig (Kniegelenk und Hüftgelenk) und beansprucht den vierköpfigen Oberschenkelstrecker (M. quadriceps femoris), den großen Gesäßmuskel (M. glutaeus maximus), den Oberschenkelbeuger, langer Kopf (M. biceps femoris, caput longum), den Halbsehnenmuskel (M. semitendinosus), sowie den Plattsehnenmuskel (M. semimembranosus). Hier sieht man, dass allein eine Übung eine große Partie an Muskeln beanspruchen kann, also ist es vollkommen ausreichend, nur zwei Beinübungen im Trainingsplan zu haben.

Durch das Sitzen haben wir hier eine geringe Belastung für die Wirbelsäule, was für unsere Kundin einen großen Vorteil darstellt.

Latzug vertikal zum Nacken:

Diese Übung ist wir mit der breiten Stange am Zuggerät ausgeführt und beansprucht folgende Muskeln:

Breiter Rückenmuskel (M. latissimus dorsi), großer Rundmuskel (M. teres major), Trapezmuskel, unterer Anteil (M. trapezius, pars ascendens), Deltamuskel, hinterer Anteil (M. deltoideus, pars spinata), zweiköpfiger Armbeuger (M. biceps brachii), Armbeuger (M. brachialis) und die Rautenmuskulatur (M. brachioradialis). Auch diese Übung ist mehrgelenkig, denn sowohl das Schultergelenk, als auch das Ellenbogengelenk ist in Bewegung. Die Kundin hat ein großes Problem mit ihrer Rückenmuskulatur, unter anderem mit dem Brustwirbelsäulenbereich, welcher beim Latzug optimal trainiert und gestärkt wird. Durch die stabile Sitzposition mit fixiertem Oberkörper und der druckentlasteten Wirbelsäule ist die Übung für eine Anfängerin mit Rückenproblemen sehr empfehlenswert.

Gesäßmaschine:

Eine weitere Motivation der Kundin ist das Bodyforming. Hierzu gehört auch das Straffen und Formen des Gesäßes, was einer Frau meist sehr wichtig ist.

Außerdem werden auch hier wieder die Muskeln gestärkt, die die Klientin zum walken benötigt.

Die Gesäßmaschine ist mehrgelenkig, es werden sowohl das Hüftgelenk, als auch das Kniegelenk beansprucht. Die Muskeln, die bei dieser Übung arbeiten, sind zum einen der große Gesäßmuskel (M. glutaeus maximus), der zweiköpfige Schenkelbeuger, langer Kopf (M. biceps femoris, caput longum), der Halbsehnenmuskel (M. semitendinosus) und auch der Plattsehnenmuskel (M. semimembranosus).

Brustpresse sitzend:

Da die Kundin Bodyforming möchte, habe ich die Brustpresse ausgewählt, um die Haut im Brust- und Armbereich zu straffen. Beansprucht wird der große Brustmuskel (M. pectoralis major), der vordere Anteil des Deltamuskels (M. deltoideus, pars clavicularis), der dreiköpfige Armstrecker (M. triceps brachii) und der Trapezmuskel (M. trapezius). Auch hier haben wir wieder eine mehrgelenkige Übung, bei der das Schulter- und Ellenbogengelenk zusammen agieren.

Durch die geführte Bewegung und das stabile Sitzen eignet sich diese Übung ebenfalls für Einsteiger und es gibt wenige Fehlerbilder.

Rudern an der Zugmaschine:

Hauptsächlich wird hier der obere Rückenbereich durch Beanspruchung des dreieckigen, flachen Muskels des Schultergürtels (M. trapezius pars transversa), der Rautenmuskel (Mm. Rhomboidei) und der breite Rückenmuskel (M. latissimus dorsi) beansprucht. Zusätzlich wird der zweiköpfige Armbeuger (M. biceps brachii) trainiert. Wie auch beim Latzug vertikal zum Nacken, wird hier das Schulter- und Ellenbogengelenk bewegt, es ist also eine komplexe Übung.

Bei diesem Gerät wird auch wieder versucht, auf die Rückenprobleme der Kundin einzugehen, besonders wird hier der Brustwirbelsäulenbereich gestärkt, aber auch der Armbeuger wird trainiert. So haben wir wieder ein Gerät, bei dem mehrere Muskelgruppen angesprochen werden.

Durch das Brustpolster hat die Kundin eine stabile Sitzposition und da es wieder eine geführte Maschine ist, kommt es zu wenigen Fehlerbildern.

Rumpfbeuger an der Bauchmaschine:

Das Rumpfbeugen an der Bauchmaschine ist die erste Übung, die eingelenkig ist, es gibt hier nämlich nur die Flexion der Wirbelsäule, bei der folgende Muskeln beansprucht werden:

Zum Einen ist es die gerade Bauchmuskulatur (M. rectus abdominis), dann die querverlaufende Bauchmuskulatur (M. transversus abdominis), sowie die innere und äußere schräge Bauchmuskulatur (M. obliquus internus abdominis und M. obliquus externus abdominis).

Die Kundin wünscht sich eine schöne Figur und einen flachen Bauch. Da sie ihren Bauchumfang um 6cm reduzieren möchte, braucht sie eine starke Bauchmuskulatur, um den Kalorienumsatz zu vergrößern und das Fett besser verbrennen zu können.

Rückenstrecker:

Beim Rückenstrecker, der ebenfalls eine eingelenkige Übung darstellt (Wirbelsäulengelenk), wird hauptsächlich der Lendenwirbelsäulenbereich trainiert, also der M. erector spinae. Da meine Kundin nicht nur Probleme mit der Brustwirbelsäule, sondern auch mit dem Lendenwirbelsäulenbereich hat, muss man diese Partie des Rückens ebenfalls stärken, damit sie ihren Alltag besser meistern kann und im Beruf auch keine Schmerzen mehr hat.

Rumpfrotation an der Bauchmaschine:

Die letzte Übung im neuen Trainingsplan der Kundin stellt die eingelenkige Maschine für die Rumpfrotation dar, bei der das Wirbelsäulengelenk arbeitet.

Hier wird die schräge innere und äußere (M. obliquus internus abdominis und M. obliquus externus abdominis), sowie die querverlaufende Bauchmuskulatur (M. transversus abdominis) und der Rückenstrecker (M. erector spinae) trainiert.

Man stärkt hierbei vor allem die seitliche Bauchmuskulatur und die Wirbelsäulenaußenrotatoren, was eine gute Ergänzung zu unseren bisherigen Bauch- und Rückenübungen darstellt. So haben wir alle Bereiche des Bauches und des Rückens abgedeckt.

Aufgabe 5)

Literaturrecherche

1. Studie: Effekte des Krafttrainings bei Osteoporose

In der Studie: "Krafttraining an konventionellen bzw. oszillierenden Geräten und Wirbelsäulengymnastik in der Prävention der Osteoporose bei postmenopausalen Frauen" (Siegrist, Lammel, Jeschke, 2006, S. 182), die von der Technischen Universität (TU) München durchgeführt wurde, untersuchte man zwölf Monate lang die Effekte verschiedener Trainingsprogramme auf Muskelkraft, Knochen, dynamische Leistungsfähigkeit und Befindlichkeit bei 69 osteopenischen, postmenopausalen Frauen.

Publikation:

Veröffentlicht wurde die Studie im Jahr 2006.

Versuchspersonen der Studie:

Die weiblichen Versuchspersonen wurden nach folgenden Kriterien auserwählt:

Die Person ist im Alter zwischen 50 - 70 Jahren, ist in der Menopause seit mindestens zwei Jahren und der Body-Mass-Index liegt zwischen 18 und 30 kg/m². Außerdem ist die flächenbezogene Knochendichte an der Lendenwirbelsäule und am Oberschenkelhals wichtig, die, gemessen mittels DXA, zwischen -1 SD und -205 SD im Vergleich zu jungen gesunden Frauen beträgt.

Ausschlusskriterium war die Einnahme von Medikamenten, die Auswirkungen auf den Knochenstoffwechsel haben (erlaubt sind Calcium und Vitamin D3).

Außerdem wurden die Ergebnisse nur in die Studie eingebunden, wenn die Frau mindestens 40 Wochen trainiert hat.

Versuchsaufbau:

An der Studie nahmen 69 Frauen Teil, die alle den oben genannten Kriterien gerecht wurden.

Alle Frauen mussten zweimal pro Woche eine 45-minütige Wirbelsäulengymnastik absolvieren, die als subjektiv anstrengend empfunden wurde. Außerdem wurden die Probandinnen mittels Kraftauswertungen und per Auslosung einer Gruppe zugeordnet.

Zum Einen gab es eine Gruppe mit 20 Teilnehmerinnen, die nur die Wirbelsäulengymnastik besuchte. Eine weitere Gruppe mit 26 Probandinnen nahm an einem konventionellen Krafttraining teil, das folgenden Ablauf hatte:

Nach einer vier- bis sechswöchigen Eingewöhnungsphase wurde zum Muskelaufbautraining gewechselt, das heißt, die Frauen mussten mit einer Intensität von 60 bis 80 Prozent des 1RM ein Training absolvieren, das einen Satz mit jeweils acht bis zwölf Wiederholungen beinhaltete. An den Geräten wurde die Rücken-, Brust-, Bauch- und Beinmuskulatur trainiert. Ergänzend zur Wirbelsäulengymnastik mussten sie ihr Krafttraining zweimal pro Woche mit einem zusätzlichen Zeitaufwand von 30 Minuten absolvieren.

Für die restlichen 23 Frauen kam ein zusätzliches zehnminütiges Vibrationstraining hinzu, welches ebenfalls zweimal pro Woche gemacht werden musste.

Auf der Vibrationsplattform mussten Kniebeugen ohne Pausen durchgeführt werden. Gesteigert wurde die Intensität durch Gewichtswesten. Außerdem wurden os-
zillierende Hanteln in den Trainingsplan eingebaut, mit der Bizeps Curls mit Na-
ckendrücken erfolgten. Bei beiden Übungen waren verschieden Parameter, wie die
Amplitude, die Wiederholungszahl, die Stärke der Vibrationen und das Gewicht
(welches im Laufe der Wochen erhöht wurde) der Weste und der Hanteln von großer Bedeutung.

Durchführung:

Bei der Durchführung gab es einige wichtige Bereiche zu berücksichtigen:

Zum Einen wurde zu Beginn bei jeder Frau eine Anamnese sowie eine klinische
Untersuchung durchgeführt.

Außerdem wurde ein Fahrradergometrietest gemacht, um die Belastbarkeit des
Transportsystems für Herz und Gefäße beurteilen zu können. Die EKG-Kontrolle
wurde während den zwölf Monaten fortlaufend durchgeführt. Dabei wurde Stufen-
weise die Intensität der Fahrradergometrie gesteigert. Vor und nach jeder Belas-
tungsstufe, sowie nach Abbruch, erfolgte eine Blutdruckkontrolle, sowie ein
Laktattest.

Bei einer weiteren Testung wurde der Knochenmineralgehalt und die Knochendichte an der Lendenwirbelsäule (LWS) und am Oberschenkelhals (OSH) durch
die DXA-Messung ermittelt. Zusätzlich wurde die Gesamtknochenfläche und en-
dostale Fläche an Bereichen des Radius und der Tibia erfasst.

Eine Kraftmessung wurde auch durchgeführt mit Hilfe eines Maximalkrafttests
(1RM) am Kniegelenkstrecker, sowie am Unterarmbeuger. Wichtig bei dieser Mes-
sung war, dass sie immer von derselben Person durchgeführt wurde und dass auf
die richtige Ausführung geachtet wurde.

Außerdem mussten die Teilnehmerinnen einmal pro Woche eine vertikal visuelle
Analogskala morgens, sowie vor und nach ihrem Training ausfüllen. Die Skala
dienste zur Ermittlung von Rücken- und Nackenschmerzen, sowie dem allgemei-
nen Wohlbefinden.

Als letzten Punkt die Trainingsdokumentation, der Trainingsstatus und die Alltags-
aktivitäten. Dreimal wurde in gleichen Abständen die Alltags- und Sportaktivitäten

der Frauen erfasst und die Parameter, wie Trainingshäufigkeit und -intensität, sowie die Satz- und Wiederholungszahlen, aber auch die Veränderungen der progressiven Trainingsgestaltung ermittelt und festgehalten.

Relevante Ergebnisse:

Dreizehn der 69 Teilnehmerinnen brachen das Training vorzeitig ab, was bedeutet, dass deren Ergebnisse nicht in die Studie mit aufgenommen wurden.

An der Lendenwirbelsäule gab es bei keiner der Gruppen Unterschiede in der Knochendichte und Knochenmasse.

Das konventionelle Krafttraining hatte jedoch Auswirkungen auf den Oberschenkelhals, nämlich eine Zunahme der Knochenfläche um 1,3%.

Sowohl das konventionelle Krafttraining, als auch das Vibrationstraining zeigten einen Zuwachs der maximalen dynamischen Kraft der Beinstrecker(durchschnittlich 52 %) und Armbeuger (durchschnittlich 20,5 %).

Das Vibrationstraining hatte hauptsächlich eine Kraftzunahme zur Folge, ansonsten wurden keine signifikanten Veränderungen festgestellt.

Durch die Wirbelsäulengymnastik wurde die Beinkraft um 22 Prozent verbessert.

Mit der Fahrradergometrie stellte sich eine Zunahme der Maximalkraft im konventionellen Krafttraining von acht Prozent und in der Wirbelsäulengymnastik von sechs Prozent dar.

Die Befindlichkeitsmessungen haben gezeigt, dass sich die Frauen durch die Wirbelsäulengymnastik besser fühlen und weniger Schmerzen im Rücken- und Nackenbereich haben.

Das Krafttraining war die Methode, mit der man am besten eine Verbesserung der Knochenstruktur erzielt hat.

Schlussfolgerung:

Durch Wirbelsäulengymnastik schafft man es, die Kraft und das Wohlbefinden zu bessern, doch durch zusätzliches konventionelles Krafttraining kann man die gesamte Kraftfähigkeit der Muskulatur stärken und hat somit einen stark positiven Einfluss auf die Knochendichte und Knochenmasse. Diese Methode des Trainings ist also sehr empfehlenswert für einen Osteoporosepatienten.

Das Vibrationstraining steigert zwar die Kraft, hat jedoch keinen Einfluss auf die Knochenstruktur.

Also kann man schlussfolgernd sagen, dass Frauen in der Menopause Krafttraining in ihren Alltag einbauen sollten, um die Knochenstruktur zu verbessern oder wenigstens zu erhalten. Am besten fängt man schon früh genug an, damit Osteoporose erst gar nicht entsteht.

2. Studie: Effekte des Krafttrainings bei Osteoporose

Die Erlanger Fitness und Osteoporose Präventions- Studie (EFOPS) heißt: "Umsetzung leistungssportlicher Prinzipien in der Osteoporose- Prophylaxe", bei der „die Effekte eines fünfjährigen Trainingsprogrammes auf die Knochendichte unterschiedlicher Körperregionen bei früh-postmenopausalen osteopenischen Frauen untersucht wurden" (Kemmler, Stengel, Lauber, Weineck, Kalender, Engelke, 2007, S.427).

Publikation:

Die Studie wurde 2007 veröffentlicht und von PD. Dr. Wolfgang Kemmler durchgeführt.

Versuchspersonen:

Teilgenommen haben 137 frühpostmenopausale Frauen, die folgende Kriterien erfüllten:

Sie sind schon seit ein bis acht Jahren in der Menopause und haben die Erkrankung Osteopenie. Keine der Frauen in letzter Zeit nahm Medikamente, die Einfluss auf den Knochenstoffwechsel haben, und auch keine der Teilnehmerinnen hatte in den letzten Jahren bestimmte Erkrankungen, wie zum Beispiel sekundäre Osteoporose, Herz-Kreislauf-Erkrankungen oder bekannte Osteoporotische Frakturen.

Versuchsaufbau:

Es gab eine Gruppe mit 86 Frauen, die ein komplexes und intensives körperliche Training durchführten. Außerdem gab es eine zweite Gruppe mit 51 Teilnehmerinnen, die kein Training durchführten und somit als Kontrollgruppe agierte.

Alle Frauen, sowohl die Trainings- als auch die Kontrollgruppe, wurde täglich mit 1500 mg Calcium und 500 Einheiten an Vitamin D versorgt.

Nach drei Jahren standen von den 86 Frauen der Trainingsgruppe nur noch 53 Personen zur Verfügung, um die letzten zwei Jahre an der Studie teilzunehmen.

Sie wurden in zwei weitere Gruppen eingeteilt, eine schnell und eine langsam trainierende Krafttrainingsgruppe.

Die Kontrollgruppe bestand in den letzten zwei Jahren aus 28 Frauen.

In den ersten drei Jahren mussten die Teilnehmerinnen zwei gemeinsame Trainingseinheiten (je 60 min) und zwei Heimtrainingseinheiten (je 20-30 min) durchführen. Die letzten zwei Jahre waren es drei 60-minütige Trainingseinheiten und eine Heimtrainingseinheit pro Woche.

Durch Anwesenheitslisten und Trainingspläne konnten die Trainingshäufigkeit und die Durchführung geprüft werden.

Das Heimtraining bestand aus Seilspringen und aus einem isometrischen Maximalkrafttraining.

Das gemeinsame Training wurde an zwei nicht aufeinanderfolgenden Tagen ausgeführt und von geschultem Personal geleitet. (Kemmler et al., 2007, S.429). Das Training gliederte sich in drei Abschnitte und eine Gruppe bestand aus 10-15 Personen.

Die Abschnitte sahen folgendermaßen aus:

1. Ausdauersequenz:

Diese Sequenz bestand aus Gehen, Laufen, kleinen Spielen und Low- und High-Impact Aerobic (Belastung 70% der max. Herzfrequenz, Dauer 20 min).

2. Sprungsequenz:

Nach 5-6 Monaten: „unterschiedliche multidirektionale Sprungformen mit zunehmender Schwierigkeit" (Kemmler et al., 2007, S.429).

3. Kraftsequenz:

Diese Sequenz hatte den Schwerpunkt "Intervention" und bestand vom ersten bis zum dritten Jahr aus einer geräteabhängigen, sowie einer geräteunabhängigen Trainingseinheit.

In den letzten zwei Jahren fanden zwei geräteabhängige Trainingseinheiten, sowie ein geräteunabhängiges Training statt.

Das Gerätetraining bestand aus 13 Übungen, die alle großen Muskelgruppen abdeckten, die Intensität und der Belastungsumfang wurde ab dem achten Monat gesteigert. Dies geschieht durch die zwölfwöchigen Wechsel von linear und nicht linear periodisierten Belastungsphasen und regenerativ orientierten Trainingsphasen.

Derselbe Trainingsmodus war auch in den ersten drei Jahren im geräteunabhängigen Training zu sehen, bei dem mit Kurzhanteln und Gewichtswesten gearbeitet wurde. Außerdem wurden auch funktionsgymnastische, sowie isometrische Trainingsformen angewendet. Ab dem vierten Jahr wurden die Hanteln und die Gewichtswesten nicht mehr benutzt und der Fokus wurde auf die beiden anderen Trainingsformen gelegt.

Auch auf die Bewegungsgeschwindigkeit wurde Wert gelegt, denn sie wurde innerhalb der Studie ebenfalls verändert. In den ersten drei Jahren war die Geschwindigkeit der Bewegungsausführung vorgegeben, während in den letzten zwei Jahren zwei Gruppen mit unterschiedlichen Bewegungstempi gebildet wurden, bei der die eine Gruppe eine explosivere Geschwindigkeit als Vorgabe hatte.

Es gab drei wichtige Parameter, die während der Studie beachtet werden mussten: Zum Einen war es die Maximalkraft, die vor und nach einer hochintensiven Belastungsphase an bestimmten Geräten gemessen wurde.

Aber auch die Knochendichte wurde immer wieder untersucht und mit verschiedenen Messungen bestimmt.

Zuletzt waren die Schmerzhäufigkeit und die Intensität von großer Bedeutung, welche durch Fragebögen immer wieder ermittelt wurde. Die Teilnehmer mussten auf einer Skala von 0 (keine Schmerzen) bis 7 (starke, häufige Schmerzen) ihr Schmerzempfinden angeben.

Relevante Ergebnisse:

Von den zuvor 86 trainierenden Frauen und der Kontrollgruppe von 51 Frauen haben 33 Teilnehmerinnen die Studie aus verschiedenen Gründen in den ersten drei Jahren abgebrochen.

In den letzten zwei Jahren verließen neun weitere Personen die Gruppen, so dass es letztendlich eine Trainingsgruppe mit 46 Frauen und eine Kontrollgruppe mit 26 Probandinnen gab.

Bei der Trainingsgruppe ist nach den ersten 3 Jahren ein Anstieg der Knochendichte der Lendenwirbelsäule um 0,7 Prozent zu vermerken, in der Kontrollgruppe dagegen ein Abstieg von 2,3 Prozent. In der Schenkel- Hals Region kam es bei beiden Gruppen zu einem Absinken der Knochendichte, wobei dieser Abstieg bei der Kontrollgruppe deutlich höher war. Nur beim Unterarmknochen glich sich der Verlust der Knochendichte sowohl bei Trainingsgruppe, als auch bei Kontrollgruppe aus.

In den letzten zwei Jahren zeigte sich, dass es bei der Kontrollgruppe zu einer wesentlichen Senkung der Knochendichte in den Bereichen Lendenwirbelsäule, Unterarm und im proximalen Femur kam.

Bei der Gruppe mit einer langsamen Bewegungsausführung wurde ein höheres Schmerzempfinden im unteren Rücken festgestellt, während das Training mit einer explosiven Bewegungsgeschwindigkeit eine deutliche Verbesserung der Schmerzintensität in diesem Bereich zur Folge hatte.

Schlussfolgerungen:

Die Ergebnisse der fünfjährigen Studie zeigen, dass es durch regelmäßiges Krafttraining zu einer Verbesserung der Schmerzintensität und einer Steigerung der Knochendichte kommt, was bedeutet, dass Krafttraining einen positiven Einfluss auf die Erkrankung Osteoporose hat.

Dabei kommt es auf die Intensität des Trainings an: Je intensiver das Training, desto höher der Effekt.

Wenn man schon in frühem Alter mit regelmäßigem Krafttraining beginnt, fördert man den Anstieg der Knochendichte und es besteht die Möglichkeit, erst gar nicht an Osteoporose zu erkranken.

Außerdem zeigen die Werte, dass das Krafttraining auch einen Einfluss auf die Schmerzhäufigkeit und -intensität hat, denn diese Parameter wurden durch die Trainingseinheiten verbessert, vor allem im Bereich des unteren Rückens.

Neben dem positiven Effekt auf Osteoporose, bietet uns das Training auch andere Vorteile. Es stärkt die Muskelkraft, verbessert unsere Ausdauer und steigert die Lebensqualität.

Außerdem kann Training gut in den Alltag integriert werden und es gibt genügend Einrichtungen, die diese Programme anbieten.

Tabellenverzeichnis

Abbildungsverzeichnis:

Literaturverzeichnis

:

Eifler, C. (2013). *Empirische Überprüfung der Effekte verschiedener Ansätze zur Intensitätssteuerung im fitnessorientierten Krafttraining*. Saarbrücken. Zugriff am 17.06.2014. Verfügbar unter http://scidok.sulb.uni-saarland.de/volltexte/2013/5573/pdf/dissertation_eifler_211113.pdf

Kemmler, W., Stengel, S., Lauber, D. Weineck, J., Kalender, WA., Engelke, K. (2007). *Umsetzung leistungssportlicher Prinzipien in der Osteoporose-Prophylaxe*. Deutsche Zeitschrift für Sportmedizin, 58 (12), 427 – 432.

Kieser, W. (2003). *Ein starker Rücken kennt keinen Schmerz: Gesundheitsorientiertes Krafttraining nach der Kieser Methode*. München: Heyne.

Ratamess, N. A., Alvar, B. A., Evetoch, T. K., Housh, T. J., Kibler, W. B., Kraemer, W. J. & Triplett, N. T. (2009). *American College of Sports Medicine position stand. Progression models in resistance training for healthy adults*. Medicine and Science in Sports and Exercise, 41 (3), 687-708

Reiß, M. und Fikenzer, S. (2013). *Studienbrief Trainingslehre 1 - Gesundheitsorientiertes Krafttraining*. Saarbrücken: Hochschule für Prävention und Gesundheitsmanagement.

Siegrist, M., Lammel, C., Jeschke, D. (2006). *Krafttraining an konventionellen bzw. oszillierenden Geräten und Wirbelsäulengymnastik in der Prävention der Osteoporose bei postmenopausalen Frauen*. Deutsche Zeitschrift für Sportmedizin, 57 (7+8), 182 – 187

Stemper, T. (1996). *Lehrbuch Lizenzierter Fitness-Trainer DSSV*. Hamburg: SSV Verlag GmbH

Strack, A. & Eifler, C. (2005). The *individual lifting performance method (ILP)*. *A practical method for fitness- and recreational strength training*. In J. Gießing, M. Fröhlich & P. Preuss (eds.), Current results of strength training research (pp. 153-163). Göttingen: Cuvillier

Trunz, E., Freiwald, J. & Konrad, P. (2002). *Fit durch Muskeltraining*. Reinbe bei Hamburg: Rowohlt.

Wastl, P. (1998). *Gerätegestütztes Krafttraining*. Zugriff am 17.06.2014. Verfügbar unter http://user.phil-fak.uni-duesseldorf.de/~wastl/Wastl/MTT/PPGeraetetraining-Internet.PDF